ALZAÏDE,

TRAGEDIE.

Par M. LINANT.

ALZAÏDE,

TRAGEDIE;

Par M. LINANT.

Repréſentée pour la premiere fois ſur le Théatre de la Comédie Françoiſe, le 13. Décembre 1745.

Le prix eſt de trente ſols.

A PARIS;

Chez JACQUES CLOUSIER, rue S. Jacques, à l'Ecu de France.

M D C C X L V I.

Avec Approbation & Privilége du Roy.

O D E

SUR L'ENTREPRISE

DU PRINCE DE GALLES.

OÙ va cet Aigle magnanime ?
Son Aire eſt donc en proie au Vautour
étranger :
Il part du Capitole, & du haut de ſa cime
S'élance ardent à ſe venger.

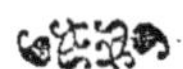

IL voit de l'Ibére intrépide
Dans les Champs Piémontois les Exploits
inouis ;
Vers les bords de l'Eſcaut il ſuit ſon vol
rapide,
Et paſſe en admirant LOUIS.

Plus prompt que les feux du tonnerre
Le voilà tout-à-coup fur les bords Ecoffois,
Au fier Ufurpateur déja portant la guerre
Aux yeux du Léopard Anglois.

EDOUARD, pourfuis ta conquête,
L'orage en vain s'étend ; rien ne peut
t'arrêter,
Tu braves, tu chéris l'effroyable tempête
Que tu fçus toi feul exciter.

Tel, l'Ange qui conduit la foudre,
Répand avec le bruit l'épouvante & l'hor-
reur,
Quand l'Univers entier craint d'être mis en
poudre,
Il eft feul exemt de terreur.

Quel Peuple vaillant & fidéle
Du fein fougueux des Mers te reçut dans
fes bras !
Il te plaint, il t'admire, il combat, il
appelle
La Victoire qui fuit tes pas.

(3)

Tu cours aux dangers pour un Pere;
Prêt pour sauver tes jours lui-même à
 s'immoler;
La gloire à sa tendresse arrache encor ton
 Frere
 Impatient de t'égaler.

D u monde remplissez l'attente;
Osez briser un joug aussi dur que honteux:
Voilà vos Souverains, Thémis vous les
 présente;
 Anglois, hâtez-vous d'être heureux.

Votre main toûjours avec joie
Couronna les talens, les vertus, la valeur;
Dans le sang de vos Rois que le Ciel vous
 renvoie,
 Ces dons font unis au malheur.

Ah! pouvez-vous les méconnoître
En ce Prince qui brave & le fer & le feu.
Londre attend son Héros, l'Ecosse en fait
 son Maître,
 Et la Thrace en eût fait son Dieu.

F I N.

ACTEURS.

ALZAÏDE, *Reine d'Arabie.*

AMÉNOPHIS, *Roi d'Egypte.*

ZARAÉS, { *Roi d'Arabie, Tributaire d'Egypte.*

EZIRE, *Confidente d'Alzaïde.*

PHÉRÈS, *Confident d'Aménophis.*

MÉNOS, { *Capitaine des Gardes d'Aménophis.*

NISUS.

OSIRIS.

SUITE DU ROI,

GARDES.

La Scéne est à Memphis, dans le Palais des
Rois d'Egypte.

ALZAID

ALZAÏDE,
TRAGEDIE.

ACTE PREMIER.

SCENE PREMIERE.

ALZAÏDE, EZIRE, PHERÉS.

PHERÉS.

De mortels ennuis si vous n'étiez en
    proye,
J'oserois devant vous faire éclater ma
    joye,
Je vous revois, Madame, à Memphis, en ces
    lieux,
Berceau de vos vertus, Trône de vos Ayeux :

A

Où tout vous obéit, vous aime, & vous rappelle,
Où Pherès tant de fois vous a prouvé son zéle,
Moins ébloui d'un rang que je ne dois qu'à vous,
Qu'attendri de vos maux que je ressentois tous.

ALZAIDE.

Ah! Pherès, à Memphis en ce jour arrivée,
J'ignore à quels malheurs le Ciel m'a réservée;
Dans l'ombre du secret lasse de soupirer,
Je viens m'en éclaircir, voir le Roi, l'implorer,
Délivrer un époux dont le destin m'accable,
Qui, puni trop longtems, ne fut jamais coupable.
　　Zaraès est vaincu, captif, & malheureux,
Aménophis vainqueur, Monarque & généreux
Il doit tout oublier; qu'il ajoûte à sa gloire
Cet effort de vertu plus grand que la victoire.
Eh! serons-nous toujours & mon époux & moi
Les seuls infortunés qui vivent sous sa loi?

PHERE'S.

Vous ne le ferez plus : non, croyez que mon
　　　　Maître,
Juge de votre époux, s'est vû forcé de l'être,
Qu'il gémit de ses fers : qu'il se plaint d'un bonheur
Qui l'a toujours contraint de percer votre cœur,
De partager sans fruit votre douleur extrême,
Et vous n'éprouvez rien qu'il n'ait senti lui-même.
　　Enfin quand accablé du plus triste revers,
Zaraès fut dompté, qu'il tomba dans nos fers,

Que pour venger leurs maux nos peuples l'outra-
    gérent ,
Que ſes amis , ſes Dieux vaincus l'abandonnérent,
Du cœur d'Aménophis le premier mouvement
Fut d'oublier ſes droits & ſon reſſentiment ,
Mais le bien de l'Etat qui régle ſa puiſſance,
Fit parler ſon Conſeil, & taire ſà clémence :
Et tel eſt le devoir & le ſort des grands Rois ,
Que même leurs vertus ſont eſclaves des Loix.

ALZAIDE.

Les Loix n'ordonnent point l'abus de la victoire ;
Zaraès fut ici victime de la gloire ;
Après ſon infortune a-t-on dû l'enchaîner ?
Et vaincre, donne-t-il le droit de condamner !

PHERE'S.

Songez qu'Onès ſon pere uſurpa l'Arabie,
Au trône de Memphis de tout tems aſſervie ;
Sujet d'un Souverain ſoumis à notre Loi ,
Il s'arme pour regner , triomphe, ſe fait Roi ;
Meurt, & laiſſe à ſon fils cette vaſte contrée ;
Sous Buſiris bien-tôt l'Egypte déchirée
Aux vœux de votre Epoux prête de la céder,
Exigea le tribut qu'il devoit accorder.
Impatient d'un joug dont il falloit dépendre ;
Il attaqua nos Rois qu'il auroit dû défendre ;
  Combien de fois lui-même, où par les mains d'I-
    phis ,

A ij

Envahit-il l'Egypte, assiégea-t'il Memphis;
Où caché sous le nom de ce chef si fidéle,
En la trompant toûjours, sçut-il triompher d'elle?
Nos murs étoient détruits, & nos champs rava-
       gés;
Quels coups il nous porta? Le Roi nous a vengés;
Il vainquit ce Héros, ses destins l'accablérent;
Sans le connoître alors, nos Guerriers l'enchaî-
       nerent;
Avec ce même Iphis dans nos fers retenu;
Parmi d'autres captifs, il vécut inconnu;
Aménophis apprend qu'il est en sa puissance,
Touché de son malheur, il cherche sa présence;
Et de le consoler s'impose le devoir;
Zaraès qui le sçait dédaigne de le voir;
Son Prince, que vers lui la pitié seule entraîne,
N'imputant qu'à ses maux l'éclat de tant de haine,
Retient des mouvemens qu'excite son grand cœur,
Et ne l'offense point par l'aspect du vainqueur:
Mais il fait plus, Madame, un peuple téméraire
Toûjours prêt à punir l'Auteur de sa misére,
Pour perdre Zaraès se rassembloit toûjours,
De son captif cent fois le Roi sauva les jours,
Et trop sûr qu'à ses dons votre Epoux insensible,
Par haine à ses regards étoit inaccessible,
Ce Monarque envers tous clément comme les
       Dieux

Lui devint invisible, & bienfaisant comme eux.

ALZAIDE.

Zaraès occupé des maux qui l'environnent,
Voudroit cacher des jours que les Dieux aban-
    donnent ;
Mais je vois tous les cœurs contre lui prévenus ;
Secondez mes desseins avant qu'ils soient connus ,
Arrêtons au plûtôt les mains qui le punissent !
Ciel , comble mes malheurs , & que les siens finis-
    sent.
Ainsi le Roi le laisse aux yeux de l'univers
Vivre dans la douleur , & mourir dans les fers ?
Ne pourrai-je adoucir un tourment si terrible ?
Non : ce Prince à mes pleurs ne sera point sensi-
    ble :
Son cœur jusqu'à ce jour n'a-t'il pas résisté
Aux conseils de la gloire, aux cris de l'équité ?

PHE'RE'S.

Madame, oubliez-vous le pouvoir de vos charmes,
Rendus même aujourd'hui plus touchans par vos
    larmes ?
Connoissez-le du moins : Eh ! Qui de ce vainqueur
Sçauroit donc mieux que vous désarmer la rigueur ?

ALZAÏDE.

Moi, Phérès !

PHE'RE'S.

Croiriez-vous qu'à ses grandeurs liée,

Son ame vous dédaigne , ou vous ait oubliée ?
Ah ! pour vous raſſurer , rapellez-vous ces jours
Dont l'horreur a des ſiens empoiſonné le cours :
Ces jours, où par un pere à ſes vœux arrachée,
A des nœuds inconnu vous fûtes attachée ?
Vous vous retracerez un cruel déſeſpoir,
Que n'ont point ralenti l'abſence & le devoir.

A L Z A I D E.

Auprès de lui , Pherès , ce moment vous rappelle,
Et vous pouvez pour nous ſignaler votre zéle ,
Aux regards de Memphis j'ai caché mon retour,
Mais on ne peut long-tems l'ignorer à la Cour ;
Informez-en ce Prince , & revenez m'apprendre,
A quel ſort Alzaïde aujourd'hui doit s'attendre.
Allez.

P H E R E' S.

Eſperez tout , Madame : ce Heros ,
De ſa gloire jaloux , vous rendra le repos.

SCENE II.

A L Z A I D E, E Z I R E.

A L Z A I D E *à part.*

IL m'aime encor ! ... ô Dieux ! que deviendrai-
je ? ... Ezire ,
Va rappeller Pherès.

EZIRE.

Madame, que lui dire ?...

ALZAIDE.

Nous-mêmes d'un vainqueur défarmons'le pouvoir.
De qui ?... D'Aménophis ?... Eh ! dois-je encor le voir ?

EZIRE.

Vous le verrez ici gémiffant de fa gloire ;
Demander à vos pieds pardon de fa victoire.

ALZAIDE.

Ah ! de tous les malheurs qui pourroient m'ac-
   cabler ,
Celui que je veux fuir , & qui me fait trembler,
Celui dont tu me vois interdite , éperduë,
C'eft... le dirai-je ? hélas ! ... de m'offrir à fa vûë.

EZIRE.

Quoi ! ce jeune Héros que vous-même admirez ;
Eft donc haï de vous ?

ALZAIDE.

O Ciel !

EZIRE.

               Vous le fuirez ;

ALZAIDE.

Je fuis qui peut m'aimer , & je crains qui m'ac-
   cable ;
Ne vente plus un Roi qui m'eft trop redoutable;
De fa gloire à mes yeux dérobe tous les traits,

8   ALZAIDE,

Cher Ezire, ou plutôt ne m'en parle jamais.
                    EZIRE.
Ciel , que puis-je penser ? Quels mouvemens ,
        Madame,
Opposés , & subits ont partagé votre âme ?
Est-ce l'amour du Roi qui la trouble aujourd'huy ?
Que dis-je ? cet amour vous promet un appuy
Pour les jours d'un époux vous n'avez rien à
        craindre.
Son vainqueur les protége , & lui seul est à plain-
        dre.
                  ALZAIDE.
Eh ! bien , cruelle ; eh ! bien , il faut te révéler
Un secret que toûjours je devrois te céler :
Je t'en parle à regret : je me fais violence :
Mais c'est pour t'imposer un éternel silence.
        Ce jeune Souverain que je viens implorer ,
Contre qui le devoir auroit dû m'inspirer....
                    EZIRE.
Achevez ..... quoi , Madame ?
                  ALZAIDE.
                O Dieux ! qu'allois-je dire ?
Qui moi , je l'aimerois ! ..... non , je le hais, Ezire,
Je le dois , je le veux. Auteur de tous mes maux,
C'est lui qui m'a ravi le sceptre & le repos ;
Mon époux est vivant ; il le traite en rebelle :
Et moi je l'aimerois , moi qu'il rend criminelle ?
                              Que

Que je meure à tes yeux avant que de l'aimer ;
Oüi, je fens contre lui mon couroux s'enflamer ;
Je fens naître en mon cœur une haine funefte...
Mais je me trompe, helas ! c'eft moi que je détefte.

EZIRE.

Je conçois vos tourmens. Que je plains tant d'a-
    mour !
Lorfqu'on vous fit fans moi partir de ce féjour,
Dans le cours de vos maux je vous avois perdue ;
Plus malheureufe encor, vous m'êtes donc rendüe ;
Mais quoi ! fans les fçavoir je reffens vos douleurs.
Daignez me confier le fecret de vos pleurs.

ALZAIDE.

Bufiris excita mes premieres allarmes ;
Il ouvrit pour jamais la fource de mes larmes ;
Ce monftre couronné, qu'animoit la fureur,
Qui toûjours devant lui fit marcher la terreur,
Oncle d'Aménophis, allié de mon pere,
Me promit ce Héros : que fa main m'étoit chere !
Temps heureux, où mon cœur approchoit du
    moment
Qui devoit pour jamais m'unir à mon amant ;
Où le voyant brûler d'une flâme auffi pure,
Je m'oubliois moi-même, & toute la Nature ;

Des crimes du Tyran mon pere épouvanté
Fit parler à la Cour l'auftére verité ;
Il frappa Bufiris d'un remords inutile,

B

Et contre son couroux recherchant un azile,
Il trouva Zaraès, il lui promit ma main :
Il obtint à ce prix l'appui d'un Souverain.
Zaraès par l'hymen d'une fille étrangére,
Prétendoit s'assurer de la foi de mon pere,
Qui jura, malgré lui, de combattre son Roy.
      Gage de ses sermens, victime de sa foi,
Il fallut m'exiler aux déserts d'Arabie :
Et laissant loin de moi le bonheur de ma vie,
M'arracher à mon Prince, & n'esperer plus
      rien ;
Je sçavois son amour, il ignoroit le mien ;
Je partois : je le vis ; sa profonde tristesse,
Ses regrets, ses fureurs égaloient ma tendresse ;
Je ne lui parlai point : & tu dois concevoir,
Que sans force, sans voix, je ne pûs que le voir ;
Mes sens étoient troublés ; dans ce desordre extrê-
      me ;
Cruelle à mon amant, plus cruelle à moi-même,
Enfin je m'éloignai du tendre Aménophis,
Tournant encor les yeux vers les murs de Memphis.
   Le flambeau de l'Hymen m'éclaira sur mon
      crime,
Et j'arrêtai mes pas sur les bords de l'abîme,
L'excès de mon erreur rappella ma vertu :
Je reconnus l'Amour quand je l'eus combattu :
Ennemi qu'à dompter en vain l'ame s'obstine,
Qui toujours triomphant renaît de sa ruine :

Et je ne remportai pour prix de mes efforts ,
Qu'une ardeur plus coupable, & d'éternels remords.
Mon époux, dont l'Egypte exigeoit un hom-
    mage ,
Au lieu de ce tribut y porta le ravage, .
Bufiris qu'il cherchoit, expira fous fes coups ;
Son neveu prit fa place , & punit mon époux.
C'eft lui qu'il faut fléchir : Zaraès me l'ordonne.
J'ignore fes projets : mais cet ordre m'étonne ;
Sa haine & fon orgueil femblent fe démentir ;
Qu'oiqu'il en foit, Ezire, il a fallu partir :
Je n'ai point balancé. Depuis trois ans d'abfence
Je fentois de mon feu mourir la violence ;
J'ai cru jufqu'à ce jour qu'enfin il s'éteignoit ;
Me voici dans ces lieux que ma vertu craignoit.
Pherès par fes difcours a réveillé mon trouble,
A porté dans mon ame une ardeur qui redouble.
Chere Ezire, & je fens livrée à mon devoir,
Tous les maux d'un amour coupable, & fans efpoir.

        E Z I R E.

De quels malheurs , ô Ciel ! venez-vous de m'inf-
    truire ?
Je vous plains moins encor que je ne vous admire.
Ne craignez plus l'éclat d'un feu fi combattu :
Votre ame eft ébranlée, & non votre vertu.
L'ardeur d'Aménophis éteinte par l'abfence ,
Def014ormais fur vos fens n'aura plus de puiffance.

Parlez pour Zaraès , & ne redoutez rien ;
Son danger est pressant.

A L Z A I D E.

                        Il l'est moins que le mien.
J'entens autour de lui gronder une tempête ;
Mais le coup est encor suspendu sur sa tête ;
Rester en ce Palais, c'est m'apprêter un sort
Plus cruel que pour lui ne peut être la mort.
Sans que le Roi me parle, & sans que je le voye,
Il faut tout obtenir : je veux qu'il me renvoye ;
A son rival peut-être enviant mes douleurs ,
Il puniroit en lui la source de mes pleurs ;
Je dois les lui cacher , évitons sa présence :
Mettons en sureté ma gloire & sa clémence,
Oui , je fuirai ce Prince , & je l'ai résolu :
Je reprends sur mes sens un empire absolu ;
Mon devoir est plus fort que cet amour extrême ,
Qui tant de fois m'emporte, & m'arrache à moi-
        même :
Mais quoique le devoir soit vainqueur à son tour ,
Il est trop dangereux de combattre l'Amour.
Fuyons.

SCENE III.

ALZAIDE, EZIRE, PHE'RE'S.

ALZAIDE.

QUe veut Phérès ?

PHE'RE'S.

        Madame, vous apprendre ;
Que contre votre époux mon Maître vient d'en-
    tendre
Des avis importans en ce moment reçûs ;
Qui fondent les soupçons qu'on en avoit conçus.
On veut que l'Arabie à Zaraès fidéle
Soit au joug de Memphis plus que jamais rebelle.
Qu'agitée en secret par de puissans ressorts,
Elle ait pour le venger, fait de nouveaux efforts.
Ménos revient instruit de ses longnes intrigues,
Dit que jusqu'en Syrie on a formé des brigues :
Que Zaraès toûjours présent dans ces climats,
Du fond de sa prison ébranle tant d'Etats.

ALZAIDE.

Dieux ! Que m'apprenez-vous ? qu'elle frayeur me
    glace ?
Quel revers imprévû s'apprête & nous menace !
C'est maintenant, Phérès, que j'ai besoin de vous :
Voyez votre Monarque, & suspendez ses coups.

PHÉRÈS.

Il faut le voir, Madame, & lui parler vous-mê-
    me.
Zaraès soupçonné, son péril est extrême :
Il a contre lui seul, la Cour, Memphis, les Loix;
Contre tant d'ennemis, il n'a que votre voix;
Et si votre douleur ne se fait point entendre,
A le voir succomber, il faudra vous attendre;
Un moment peut le perdre, un mot peut le sau-
    ver :
Sur-tout craignez Ménos ardent à l'observer:
Il le haït, il l'accuse, il le peint à son Maître,
Plus libre dans ses fers qu'un captif ne doit l'être;
Et le peuple demande en sa crainte agité
Qu'il ne jouisse plus de tant de liberté.
    Je n'ai pû près du Roi vous témoigner mon
    zéle ;
Attentif aux complots de l'Arabe infidéle ;
Il ne sçait pas encor qu'arrivée en ce jour,
Pour chercher son appui vous êtes dans sa cour;
Mais j'apprendrai bien-tôt l'instant où sa présence...

ALZAIDE.

Je vous suis.

SCENE IV.

ALZAIDE, EZIRE.

ALZAIDE.

Est-il tems qu'Alzaïde balance ?
Non : je verrai le Roi ; j'irai pour mon époux ,
En évitant ſes yeux , tomber à ſes genoux.
Le ſort de Zaraès , mon devoir , tout m'en preſſe ;
Son danger me conduit : craindrois-je ma foi-
   bleſſe ?
Ne doit-elle finir qu'au jour de mon trépas?
Ciel , ſans me feconder , peux-tu voir mes com-
   bats ?
Pour quelqu'autre forfait ſerois-je ta victime?
Je ſens que mon ſupplice eſt plus grand que mon
   crime.

Fin du premier Acte.

ACTE II.

SCENE PREMIERE.

AME'NOPHIS, ME'NOS, NISUS, Suite.

AME'NOPHIS.

JE veux tout écouter, & ne négliger rien
Pour le bonheur d'un peuple à qui je dois le mien :
Qui me fait de mes soins trouver la récompense,
Autant dans son amour qu'en son obéïssance ;
Mais dois-je me livrant à ses inimitiés,
Punir des malheureux gémissans à mes pieds,
Et cruel à son gré, commander des supplices ?
Ecoutons ses besoins : rejettons ses caprices ;
Il craint que son repos ne puisse être troublé
Par les complots d'un Roy sous nos fers accablé.
Zaraès nous remplit d'un effroi qui l'honore ;
Il fut trop redouté, devroit-il l'être encore ?
On veut que contre nous ses rebelles Sujets
Ne se soient soulevés qu'en suivant ses projets ,
Et que je croie un bruit que l'apparence enfante,
Accru par la terreur qu'à son tour il augmente :
Il faut des faits certains pour condamner un Roi :
Que son crime le perde, & non pas notre effroi :

Si ce crime est prouvé, qu'on foit inéxorable.
Nous devons en jugeant cet illuftre coupable,
Quelqu'egard à fon nom, plus à l'humanité,
Beaucoup même à fon rang, mais tout à l'équité.

M E' N O S.

Son attentat, Seigneur, fut pour vous une offenfe ;
Il faut un châtiment autant qu'une vengeance ;
Eh ! fongez que nos loix....

A M E' N O P H I S.

Ménos, je dois fonger
A lui tendre la main plûtôt qu'à me venger.
Son malheur m'intereffe, & fon cœur téméraire
Dans fa férocité porte un grand caractére.
J'en crois la renommée, & jufques dans ces lieux
Sa voix nous a vanté ce Prince ambitieux :
Et moi dont la puiffance, & les jeunes années
De peu de gloire encor femblent environnées :
Moi qui regne tranquille, & qu'enfin mes exploits
N'ont point mis au deffus de la foule des Rois,
Pourrois-je en punir un dont l'éclat nous étonne ?
Plus heureux ! je le plains, l'admire, & lui par-
donne.

N I S U S.

Permettez que fur vous, Seigneur, fur fes exploits,
L'Egypte & l'Univers s'expliquent par ma voix.
En daignant m'écouter, mon Souverain peut-être,
Prêt à juger l'ingrat, poura mieux le connoître.

C

Nos yeux font éblouis de fes vices brillans ;
Il n'a point de vertus, il n'a que des talens ;
Génie impétueux, emporté vers la guerre,
Plus propre à conquérir qu'à gouverner la terre,
Qui regneroit en Roi moins grand qu'ambitieux,
Opprimant les mortels, & méprifant les Dieux.
Enchaînez à jamais un Guerrier fi funefte.
Trop heureux les humains que la faveur célefte
De fon fceptre de fer a voulu préferver !
Il eft né pour détruire, & vous pour conferver.
Vous avez prétendu digne du rang fuprême,
Montrer votre puiffance en la bornant vous-mê-
　　　me ;
Ami de votre peuple & de la vérité,
Citoyen fur le trône, & Maître fans fierté ;
Don le plus précieux que le Ciel nous difpenfe ;
De nos vertus enfin auteur & récompenfe,
Il ne vous refte plus, pour reffembler aux Dieux,
Que de prévoir le mal, & de punir comme eux.

A M E'N O P H I S.

Un Roi doit reffembler aux Dieux par la clé-
　　　mence,
Vous voulez qu'un captif reffente ma vengance ;
Prouvez donc qu'il s'apprête à nuire à mes fujets ;
Je vois trop fes malheurs pour craindre fes pro-
　　　jets :
Et s'il fut à l'Egypte, à mes loix indocile,
Moins malheureux peut-être il fera plus tranquille.

Que dis-je ? Il l'eſt déja ; ce Prince dans nos fers
Semble avoir oublié ma gloire & ſes revers ;
Et même à tous les yeux ſe rendant inviſible ,
Aux charmes du repos , il redevient ſenſible.
Mais de cet ennemi que je voudrois ſauver ,
Parlez-moi, vous, Ménos , qui ſçutes l'obſerver :
Montrez la vérité ſans craindre de m'inſtruire ;
L'entendre eſt mon devoir : le vôtre eſt de la dire.

ME'NOS.

Je l'oſerai, Seigneur , & cette liberté
Plus que tous nos reſpects vous a toûjours flatté.
Vous plaignez Zaraès quand nous devons le
    craindre ;
Si vous lui pardonnez, c'eſt Memphis qu'il faut
    plaindre ;
Elle va donc revoir ſon cruel ennemi :
Toûjours par vos bontés dans ſa haine affermi ,
Zaraès de vos mains ne recevra la vie
Que pour vous en punir, & perdre la patrie.
Inquiet, furieux, perfide , uſurpateur ,
Et de nos longs revers infatigable Auteur :
Ce qu'il fit autrefois , il peut encor le faire.
Ne croyez pas , Seigneur, que ma voix témé-
    raire
Par haine devant vous s'éleve contre lui ;
Quoiqu'il m'ait arraché mon bonheur , mon appui ;
Que par ſon ordre Iphis ſon fidéle complice
Ait fait à mes amis ſubir un long ſupplice ,

Que Zaraès lui-même aidé de cet Iphis,
Ait ravagé mes biens, ait maffacré mon fils ;
Je ne fens point les coups que m'a porté ce traitre :
Je les oublie : il veut en porter à mon Maître ;
Rien ne me touche plus, vous êtes menacé.

A M E' N O P H I S.

Qu'entens-je ?

M E' N O S.

    Ce rebelle à vous perdre empreffé
Séduit le Syrien, l'arme : ce font fes brigues
Qui foulevant l'Arabe, ont formé tant de ligues :
Jufques dans la Nubie, où j'ai fçu fes complots,
Ii paroît fuir nos yeux, & chercher le repos ;
Plus il fe cache, & plus il doit être terrible :
Il eft prêt d'éclater puifqu'il femble paifible ;
Dans fes déguifemens toujours fi redouté,
Il fut joindre la fraude à la témérité,
Trompa ceux qu'il foumit, & ceux qui le vain-
      quirent.
En le trouvant par-tout, jamais ils ne le virent :
Et s'il cache à Memphis fa haine & fes projets,
Pour nous impratiquable, & non pour fes fujets,
Il leur écrit, leur parle, en abufant fans ceffe
De cette liberté que fon vainqueur lui laiffe.
Croyez que ce captif au fond de fa prifon,
Où rien ne le contraint, qui vous voit fans foup-
      çon,
En fecret agité, tranquille en apparence,

Veũt fur votre ruine élever fa puiffance ;
Et qu'un fujet fi fier qui fe croit outragé ,
Aujourd'hui dans les fers demain fera vengé.

SCENE II.

AME'NOPHIS, MENOS, NISUS, OSIRIS. *Suite.*

OSIRIS.

Cette lettre, Seigneur, entre mes mains remife,
A Zaraès écrite, en ce moment furprife ,
Et que tout me prefcrit de ne donner qu'à vous...

AME'NOPHIS.

Voyons s'il mérita fa grace, ou mon courroux.

Il lit.

» Sachez que dès ce jour par les champs de Syrie
» Sur les rives du Nil vos foldats vont paffer ;
» Faites croire au Tyran que des champs d'Arabie
» Introduis en Egypte , ils vont la traverfer.
Prévenons fes deffeins : marchons vers la Syrie.
Qu'elle en foit effrayée encor plus que punie ;
Sous fes premieres loix ce jour doit la ranger ;
Allons donc la foumettre , & non la ravager.

De tes projets cachés je fçaurai l'étendue.
Traître, jufqu'à ce tems ta peine eft fufpendue.

Je foulageois tes maux , je te traitois en Roi :
De mes propres bienfaits tu t'armes contre moi.
Eh ! bien n'écoutons plus que l'auſtére juſtice :
Pour la premiére fois ordonnons un ſupplice.
Il mourra . . . . . laiſſez-moi.

SCENE III.

AME'NOPHIS, *ſeul.*

Faudra-t-il que mes coups
Tombent ſur Alzaïde , en frappant ſon Epoux ?
Elle va donc apprendre au fond de l'Arabie ,
Qu'à Memphis Zaraès aura perdu la vie.
Elle m'imputera tout ce qu'il doit ſouffrir ,
Et l'injuſte univers qui le verra mourir ,
Sans égard à ſon crime , ainſi qu'à ma clémence ;
Dira que mon amour excita ma vengeance ,
Conſtant dans ma vertu , que dois-je redouter ?
Ce ne ſont point ces bruits qui peuvent m'ar-
    rêter ,
Que va dire Alzaïde ?...ô funeſte nouvelle !...
Pour me juſtifier que ne ſuis-je près d'elle ?...
Hélas ! ...

SCENE IV.

AME'NOPHIS, PHERE'S.

PHERE'S.

DAns ce moment, Seigneur à vos genoux
Alzaïde...

AME'NOPHIS.

Alzaïde!....Ah! Que me dites-vous?

PHERE'S.

Elle vient.

AME'NOPHIS.

Ciel!

SCENE V.

ALZAIDE, AME'NOPHIS, PHERE'S, EZIRE.

ALZAIDE *dans l'enfoncement.*

MEs yeux se remplissent de larmes :
Je revois en tremblant l'auteur de mes alarmes.
Guide mes pas, Ezire, & viens les soutenir.

AME'NOPHIS *à Pherès.*

C'est moi que sa douleur, que ses pleurs vont punir.
Mon ame est déchirée....

A L Z A I D E.

Incertaine, tremblante,
Je viens vous faire entendre une voix suppliante,
Pour finir des tourmens que vous-même caufez,
Que je dois oublier fi vous les finiffez.
Hélas ! c'eft leur excès qui près de vous m'améne;
Mon époux eft captif ; puis-je rompre fa chaîne?
Terminez à la fois fes maux & mes douleurs,
Seigneur , par vos vertus furpaffez nos malheurs;
Qu'on ne vous plaigne plus autant qu'on vous
　　　admire;
Et qu'enfin l'univers , en ce jour, puiffe dire,
Que jamais Zaraès ne fut fi malheureux
Que vous , en pardonnant, vous fûtes généreux.

A M E N O P H I S.

Alzaïde, c'eft vous !... je vous revois, Madame !
Hélas ! que vos revers attendriffent mon ame !...
Ah ! vous la retrouvez en ces triftes momens,
Remplie à votre afpect de tant de mouvemens... ?
Que de combats , ô Ciel ! ... mais plus que tout
　　　le refte ,
Je reffens la douleur de vous être funefte.
J'admirai Zaraès : je vais vous étonner ; ·
Plus malheureux que lui , je ne puis pardonner.

A L Z A I D E.

Seigneur, ah ! quel arrêt votre bouche prononce !
La furprife & l'horreur du coup qu'elle m'annonce,
Le font déja fentir à mes fens défolez :
　　　　　　　Vous

Vous ne pardonnez point ? Eſt-ce vous qui parlez ?
Je ſens autant de peine à vous croire implacable,
Qu'à croire Zaraès envers vous ſi coupable.
Quels crimes dans ſes fers peut-il avoir commis ?

AME'NOPHIS.

Je les crains pour mon peuple, & pour vous j'en
      gémis.
Priſonnier en Egypte, il arme la Syrie ;
Liſez : vous allez voir quelle eſt ſa perfidie.
Je le plains, mais hélas ! vous êtes aujourd'hui,
Puiſqu'il eſt condamné, plus à plaindre que lui.

ALZAIDE.

Que dites-vous, ô Ciel ! ſa mort eſt réſolue ;
Pour la voir, en ces lieux j'étois donc attendue ?
Mais peut-il ſe venger, lorſque vous l'opprimez !
Pour ſa querelle ici quels Soldats ſont armez ?
Il menace Memphis, & Memphis l'environne ;
Il arme des Etats, lui que tout abandonne :
Qui n'a pour tout ſecours qu'une épouſe & ſes
      pleurs,
Secours qui n'eſt pour lui qu'un ſurcroît de mal-
      heurs !
Il ſçait que ſon deſtin m'abaiſſe à la priére,
Sa grace eſt à ce prix l'excès de ſa miſére :
Et vous la refuſez, vous Roi ſi généreux,
Vous de qui j'eſpérois même autant que des Dieux.

AME'NOPHIS.

C'eſt la Loi qui punit ce Sujet redoutable.

ALZAIDE.

Elle eſt cruelle, injuſte ....

AME'NOPHIS.

Il n'eſt que trop coupable.
De ſes noirs attentats devez-vous donc douter ?
Vous demandez ſa grace, & je puis réſiſter ?
Je prouve ſes forfaits quand je vous la refuſe ;
Tout vous trahit, Madame, & m'accable, &
l'accuſe.

ALZAIDE.

Dieux !

AME'NOPHIS.

Jugez-le vous-même, & voyez mes combâts,
Son crime, mon devoir, le droit de mes Etats.
Je dois à vos malheurs le plus grand ſacrifice,
Je dois à mes Sujets beaucoup plus, la juſtice,
La refuſant pour vous, je deviens odieux.
Vos pleurs, ſi je la rends, me font des jours
affreux.
J'en mourrai : j'aime mieux la mort avec la gloire,
Que mon bonheur ſuivi d'une indigne mémoire.

ALZAIDE.

Ainſi d'Aménophis je n'eſpére plus rien.
Et voilà mon Arrêt.

AME'NOPHIS.

Dites auſſi le mien.
Juſte envers Zaraès, pour vous impitoyable,
Aménophis des trois eſt le plus miſérable.

ALZAIDE.

Quand je fens tout le poids de votre inimitié,
Vous me montrez encor une fauſſe pitié.
Peut-on être attendri, lorſqu'on eſt infléxible ?
S'il eſt vrai qu'à mes pleurs vous foyez ſi fenfible,
Que ne terminez-vous tant de maux à la fois ?
Et pourquoi dans un feul en puniſſez-vous trois ?

AMÉNOPHIS.

Ainſi que Zaraès, je dois être implacable.

ALZAIDE.

Il fent tous les remords, s'il peut être coupable :
Mais s'il l'eſt en effet, & s'il veut fe venger,
Je connois fa grande ame, & je puis la changer.

AMÉNOPHIS.

Vous n'adoucirez point une ame ſi farouche.

ALZAIDE.

Il reſſent les bienfaits & la vertu le touche.
Au nom d'Aménophis je veux le défarmer,
Je veux même qu'un jour il s'engage à l'aimer.
Il chérira dans vous l'équité, la clémence :
Il verra comme il faut oublier fa vengeance.
S'il connoît vos vertus, voudra-t-il vous trahir ?
Et s'il vous voit, Seigneur, pourra-t-il vous haïr ?

AMÉNOPHIS.

Hélas !

ALZAIDE.

Pour vous toucher que puis-je encor vous dire ?
Aujourd'hui par votre ordre, à mes yeux il expire,

Vous l'avez réfolu : Que vais-je devenir ?
Songez-vous que c'eft moi que vous allez punir?
Qu'un affreux défefpoir eft tout ce qui me refte ;
Faut-il que ce foit vous qui me foyez funefte ?
Que par vous aujourd'hui je rejoigne un Epoux :
Oui nous ferons tous deux réunis par vos coups ;
Dans une heure il expire, & je vivrois encore,
Ce n'eft plus fon pardon : c'eft le mien que j'im-
     plore.
Vous détournez les yeux.

AME'NOPHIS.
          O cruelle vertu !

ALZAIDE.
Que vous reprochez-vous ?

AME'NOPHIS.
          D'avoir tant combattu ;
D'avoir vû Zara's vous coûter une larme,
D'avoir défefperé ce cœur qui me defarme ;
Vous changerez le fien, vous me l'avez promis :
Qu'il vive.

ALZAIDE.
          Oui, Seigneur, il vous fera foumis.
Vous permettez qu'il vive, & que je le revoïe :
C'eft par vous que mon ame éprouve tant de joie.

AMENOPHIS.
Ah ! je veux la combler. Qu'il paroiffe à vos yeux.
          à Ménos.
Allez, Ménos, allez : améne-le en ces lieux.

Vous triomphez des loix, quand je le laiſſe
    vivre ;
Mais ſi je les enfrains, vous les lui ferez ſuivre.
Dans le crime à vos yeux pourra-t-il perſiſter ?
Moi-même armé des loix, puis-je vous réſiſter ?
La ſeule maintenant dont la force m'entraîne,
Eſt de ſauver vos jours, d'éviter votre haine ;
Mes ſujets ſe plaindront, du cœur de mes ſujets,
J'effacerai ma faute à force de bienfaits.

ALZAIDE à part.

Quels tranſports je reſſens ! pourrai-je les con-
    traindre ?

AME'NOPHIS.

Vous ſerez tous heureux, & moi toujours à plain-
    dre ;
Oui, Madame à vos pleurs, j'ai réſiſté long-tems ;
Témoin de mes combats, jugez de mes tourmens.
Faudra-t'il à jamais vous en taire la cauſe ?
Ah ! puiſqu'à me punir tout ici ſe diſpoſe,
Mon cœur, quoique tremblant, vous dira ſans dé-
    tour
Que Zaraès ne doit ſes jours qu'à mon amour :
Que ſi j'euſſe aimé moins j'euſſe eu moins de clé-
    mence :
Que votre bonheur ſeul ſera ma récompenſe :
Qu'un époux s'en ſouvienne, & qu'il en ſoit ja-
    loux,

Vous rendre à ſes déſirs, c'eſt m'immoler pour
    vous.
Après un tel bienfait, il doit craindre l'envie,
Et cacher loin de moi le bonheur de ſa vie.
Qu'il s'éloigne, qu'il fuie, Iphis & mon ſecours...

SCENE VI.

ALZAIDE, AME'NOPHIS, EZIRE, PHERE'S.

PHERE'S.

SEigneur, de Zaraès on menace les jours;
Le peuple à qui Ménos de ſon ſupplice avide
Apprend qu'on doit ſa vie aux larmes d'Alzaïde
Aſſiége ſa retraite, & jure ſon trépas.

AME'NOPHIS.

Quoi Ménos me trahit?

ALZAIDE.

           Ne m'abandonnez pas.

AME'NOPHIS.

Vainqueur de Zaraès, j'évitai ſa préſence.
Allons, il faut le voir pour prendre ſa défenſe,

ALZAIDE.

O Ciel ! lance ſur moi les traits de ton courroux;
Seconde Aménophis, & ſauve mon époux.

Fin du ſecond Acte.

ACTE III.

SCENE PREMIERE.

ALZAIDE, EZIRE.

ALZAIDE.

C'En est donc fait, ô Ciel, & Zaraès expire.
Tu me fuis, à tes soins je me dérobe, Ezire :
J'entens autour de moi mille effroyables cris ;
Qu'il meure, d soient-ils, périssons à ce prix.
Je vole à son secours, à sa vie on attente :
Je tombe entre leurs bras éperdue, expirante,
Et je n'ouvre les yeux que pour voir mon mal-
      heur :
Leur crime étoit commis, ils bravoient ma dou-
      leur.
Le Roi n'a pû calmer cette horrible vengeance.

EZIRE.

Du moins il la punie, & c'est lui qu'elle offense.

ALZAIDE.

Je veux quitter ces lieux objets de mon effroi.
Chaque instant que j'y reste est un crime pour moi.
Sans attendre des Dieux la haine ou la justice,

J'expierai mon amour par le plus grand supplice.
L'absence qui jamais ne sçaura me guérir,
Me punira du moins, si je n'en puis mourir.
Cours préparer ma fuite.

SCENE II.

ALZAIDE seule.

O Toi qui par ta flâme,
Viens d'augmenter encor le trouble de mon ame,
Auteur de tous mes maux tu vas les ressentir,
Et malgré ton ardeur tu me verras partir.
Ma fuite l'éteindra : mon aspect la ranime,
Elle fait mon tourment : l'exciter est un crime,
M'en parler une injure, & l'entendre un danger.
Manes de Zaraès, je sçaurai vous venger :
De tout ce que je puis envers toi je m'acquite.
Tu meurs : le Roi te plaint : il m'aime, & je l'évite:
Mais on vient....

SCENE III.

SCENE III.

ALZAIDE, ZARAE'S.

ZARAE'S *à part.*

ALzaïde est seule, approchons-nous.

ALZAIDE.

O Ciel!… C'est Zaraès.… C'est lui.… C'est mon
    Epoux.

ZARAE'S.

Ah! Calmez ce transport que ma présence ins-
    pire :
Madame, observez-vous, craignons tout, ou j'ex-
    pire :
Mais je puis, grace au fort, un instant dans ces
    lieux,
Vous parler sans témoins.

ALZAIDE.

        Je vous revois ; ô Dieu !

ZARAE'S.

O Vous qui m'arrachez à mon destin perfide,
Oui, vous me revoyez, généreuse Alzaïde,

ALZAIDE.

Vous vivez. Ah ! Seigneur, par quel heureux
    secours,
Respirez-vous encor ? à qui dois-je vos jours?

E

Z A R A E' S.

Madame, c'eſt Iphis, qui dans cette journée,
De l'Egÿpte reſſent la vengeance effrénée ;
Compagnon de ma gloire, il partageoit mes fers :
Vous alliez terminer les maux que j'ai ſouffers :
Le peuple des priſons voit ſortir ſa victime ;
Tremblant à cet aſpect, ſoudain il ſe ranime ;
Iphis à ſes regards ſe montre le premier ;
Je le ſuivois : mes yeux ont vû ſacrifier
Ce Héros qui s'offroit au trépas pour ſon Maître :
Sous leurs coups redoublés je l'ai vû diſparoître :
Et plus craint dans ces lieux que je n'y ſuis connu,
Juſqu'à vous ſans danger me voilà parvenu.

Enfin à m'y ſervir déſormais tout conſpire ;
On croit Zaraès mort, on croit qu'Iphis reſpire.
Sous mon nom que toujours il voulut conſerver.
On l'immole aujourd'hui : le ſien va me ſauver :
Le titre reſpecté de ſujet de ſa Reine ,
aſſûre ici mes jours, & cachera ma haine :
Je n'ai point vû le Roi : j'évitai tous les yeux,
Et mon deſtin n'eſt ſû que de vous & des Dieux.

A L Z A I D E.

Eh ! pourquoi donc Seigneur, voulez-vous qu'on
    l'ignore ?

Z A R A E' S.

Rien ne peut mieux voiler mes projets prêts d'é-
    clore :
Vous allez les ſçavoir, diſſipez votre effroi :

Je vais être vengé : ne tremblez pas pour moi.

ALZAIDE.

Que dites-vous, Seigneur ?

ZARAE'S.

Que dès ce soir j'expire ,
Ou que vous me verrez maître de cet Empire.
La moitié de ma honte va rejaillir fur vous :
Vous allez l'effacer en fervant votre époux ;
Voilà votre deftin. Vous n'en avez point d'autre :
Femme de Zaraès , fon injure eft la vôtre :
Mon fort eft en vos mains : je fonde mon efpoir
Plus fur votre amitié que fur votre devoir,
Et feule vous avez toute ma confiance :
Vous dire un mot de plus en cette circonftance ,
Où mon cœur vous doit tant, feroit-vous offenfer,
Et me fier à vous, c'eft vous récompenfer.

ALZAIDE.

De quels coups à la fois , mon ame eft-elle at-
      teinte :
Confidérez , Seigneur , les objets de ma crainte
Avez-vous bien prévû les maux dont je frémis ?
Eh ! Quel eft votre efpoir contre tant d'ennemis,

ZARAE'S.

Je vais bientôt calmer les frayeurs de votre ame :
Vous ne tremblerez plus , quand vous fçaurez
      Madame ,
Par combien de refforts auffi prompts que certains
J'affure le fuccès de mes vaftes defleins.

Le Roi fier de mes maux, trop sûr de sa puissance,
Colorant son mépris d'une fausse clémence,
Etendit les liens de ma captivité ;
Votre Epoux s'est servi de cette liberté,
Pour se rendre en ces lieux à son tour redoutable.
J'y fomentai moi-même un parti formidable ;
Méris, Phédos, Orus, sujets qu'il croit soumis,
sont devenus par moi ses plus grands ennemis,
Et joints à mes guerriers, vont me livrer leur
       Ville.
Là sans cesse agissant, je paroissois tranquille.
Tout est prêt, on l'ignore, & j'ai changé mon sort;
J'obtiendrai dès ce soir la Couronne, ou la mort.
Que m'importe des deux, pourvû que je me ven-
       ge ?

A L Z A I D E.

Vous vous vengez, de qui.... Vous, Seigneur,
       Ah ! Qu'entens-je ?
Quel dessein ! on l'ignore.... En vain vous l'es-
       perez.
Tous vos projets ici ne sont pas ignorez :
Une lettre surprise, & par Arbas écrite,
Fit connoître les coups que Zaraès médite.

Z A R A E' S.

Elle n'apprit que ceux qu'il voulut dévoiler ;
C'est encor un secret qu'il faut vous révéler.

Quoi ! La lettre , Seigneur.....
            ZARAE'S.

            C'eft moi qui l'ai fait rendre,
Pour défarmer Memphis j'ai fçû tout entrepren-
      dre.
Je voyois qu'aujourd'hui pour attaquer le Roi ,
Mes guerriers peu nombreux s'avançoient près de
      moi ,
Que de fes défenfeurs cette ville étoit pleine ,
Qu'en les y combattant ma perte étoit certaine :
Ainfi je réfolus de les en écarter ;
C'eft par un faux avis que je puis le tenter ,
C'eft l'unique reffource ouverte à ma prudence ,
Qui peut rendre l'attaque égale à la défenfe ,
  J'ai marqué que bien-tôt par les champs Syriens
Mes Soldats s'approchoient pour attaquer les
      fiens ,
Quand en effet laiffant bien loin d'eux la Syrie
Ils venoient à Memphis des champs de l'Ara-
      bie.
  On croit l'avis, on part : on réfout mon trépas ,
Vous venez par mon ordre , & détournez leurs
      bras :
Nous y fumes réduits.... Mais enfin je refpire.
Libre je vous revois , inconnu je confpire.
Contre nos ennemis j'ai déja réuffi ,
Ils vont vers la Syrie , & la guerre eft ici.

ALZAIDÉ.

Je vois ainſi que vous leur perte inévitable:
Mais ſongez que le Roi qui vous a cru coupable,
A toûjours, quelqu'il fût, adouci votre ſort:
Et que dans ce jour même où vous jurez ſa mort,
Ami de ſes ſujets qu'opprimoit votre haine,
Il défendoit vos jours, & briſoit votre chaîne.

ZARAE'S.

Qu'il aime ſes ſujets, mais qu'il me traite en Roy.
Que me font des vertus qui ne ſont pas pour moi ?

ALZAIDE.

Seigneur puiſqu'avec vous ici d'intelligence
Je dois aux yeux de tous ſervir votre vengeance
Que ſurtout par les nœuds qui m'attachent à vous,
Je partage la honte ou l'honneur de vos coups :
voïons de nos projets le crime, ou la juſtice :
Que je ſois votre épouſe, & non votre complice.
　L'Univers nous contemple;avant de nous venger,
C'eſt lui, Seigneur, c'eſt lui qu'il faut interroger.
Oüi,conſultons ſa voix lorſque tout nous l'ordonne
Son eſtime eſt toûjours pour celui qui pardonne :
Pour l'autre déformais ne s'intereſſant plus,
Quand ſes maux ſont finis, il lui veut des vertus,
Et contre un bienfaiteur Que la vengeance oppri‑
　　　me,
La gloire eſt un opprobre,& le triomphe un crime.
　Qu'attendez-vous du Prince?il vous fera regner.
Prévenu par ſes dons, pourquoi les dédaigner ?

Subjuguez votre cœur quand le fien fe furmonte.

Sans orgueil il les offre : acceptez-les fans honte.

ZARAE'S.

Que dites-vous, ô ciel ! eh ! ne fçavez-vous pas

Mes droits, mon infortune, & tous fes attentats ?

ALZAIDE.

Quoi, Seigneur ?

ZARAE'S.

Que fa haine, & que fon injuftice

En ce jour, ici même ordonna mon fupplice.

Sans ceffe prétextant au mépris de mes droits

Que j'ai du le fervir & ramper fous fes loix.

Si mon pere ufurpa, je fus Roi légitime :

Mes peuples m'ont élû : m'opprimer eft un crime.

Alzaïde, écoutez : j'excufe en vos difcours

L'Amour de la vertu, l'interêt de mes jours :

Mais de fauffes vertus vous ont préoccupée :

Songez à mes affrons : vous ferez détrompée :

De votre ame jamais pourront-ils s'effacer ?

Eft-il befoin ici de vous les retracer ?

Et ne devrai-je pas vous entendre me dire,

Qu'il eft honteux pour moi qu'Aménophis refpire

Vaincu, pris, avili, dans mille maux plongé,

Quoi ! je fuis votre époux, & ne fuis pas vengé !

Si je differe encor, fuis-je digne de l'être ?

Je fubis dans fa cour l'infâme fort d'un traitre,

Et mon bras lui prépare un glorieux trépas.

Il m'a mis dans les fers : je ne l'en charge pas.

Je vois même en ce jour défoler mon empire ;
Le fien fubfifte encor.... oüi, je vais le détruire.
Que le fuperbe cœur qui m'a trop offenfé,
De ce fer aujourd'hui foit mille fois percé ;
Que vengeur des affronts qu'il a faits aux Monar-
          ques,
De leur honte en fon fein j'efface ici les marques.
Dans ces lieux où j'ai fçu qu'il ordonna ma mort,
Ah ! c'eft-là que je veux qu'il termine fon fort,
Qu'il me voye en mourant maître de fa puiffance,
Contempler fa douleur, & goûter ma vengeance.
Vous y ferez préfente.... oui, vous-même verrez
Son fang, fa mort, fa honte, & vous en jouirez.
Vous frémiffez, Madame.

ALZAIDE.

          Oui, cette deftinée
Qui vous flatte aujourd'hui ....

ZARAE'S.

          Peut être infortunée
Sans doute : par le fort je puis être opprimé :
C'eft le moindre des maux dont je fois allarmé :
J'en redoute un plus grand ; mon ame intimidée,
Ne peut, fans friffonner, en foutenir l'idée :
C'eft de penfer qu'ici Zaraès outragé
Peut mourir à vos yeux, & n'être point vengé.

Sûr de votre courage & de votre prudence,
Dépofant en vos mains ma derniere efpérance,
J'attends de vous, Madame, un fervice important,
          Et

Et vous ne devez pas balancer un inftant ;
Gardez ce fer, prenez : c'eft moi qui vous l'or-
      donne.
Sçachez à quel deffein ma fureur vous le donne.
Peut-être Amenophis m'abattra fous fes coups,
Et fous lui vous verrez expirer votre époux ;
Que du trépas du Roi ma perte foit fuivie,
Après que dans ces lieux j'aurai perdu la vie,
On verra tous mes Chefs ou morts, ou diffipés,
Vivez, reftez ici, n'héfitez pas, frappez :
Sur-tout en ce moment faites qu'il fe fouvienne,
En lui donnant la mort, qu'il ordonna la mienne.

SCÉNE IV.

ALZAIDE *feule, le poignard à la main.*

QUel trouble me faifit.... je friffonne d'hor-
      reur.
O jour infortuné !.... trop injufte fureur !
J'immolerois.... qui.... Dieux !.... ah ! ma
      flâme infidelle
Devient à mes efforts plus que jamais rebelle :
Je lui réfifte en vain. Tous mes fens font émus.
Je fuccombe à mes maux.... Je ne me connois
      plus.

F

SCENE. V.

ALZAIDE, AMENOPHIS, PHERES, NISUS, *Suite*.

AMENOPHIS.

J'Ai vengé Zaraès, & mon cœur trop fenfible
Ne peut plus . . . . Mais ô Ciel ! en quel état
    terrible . . . .

ALZAIDE, *fans voir le Roi.*

Que fais-je ? mon devoir m'ordonue fon trépas....
Mon cher Aménophis . . . . non, tu ne mourras
    pas.

AMENOPHIS, *à part.*

Que dit-elle ?

ALZAIDE, *fans voir encore le Roi.*

    Avec toi j'euffe été trop heureufe :
Tu périrois !

AMENOPHIS *s'approchant d'elle.*

    Calmez cette douleur affreufe.

ALZAIDE *appercevant le Roi, & laiffant tomber le poignard.*

Dieux ! que vois-je ? . . . .

AMENOPHIS.

Arrêtez . . . . .

Dans le trouble où je fuis,
Le repentir, la fuite, eſt tout ce que je puis.

SCENE VI.

AME'NOPHIS, PHERE'S, NISUS,
OSIRIS, *Gardes.*

AME'NOPHIS.

Qu'ai-je vû ?.... que penſer ? quelle fuite
    ſoudaine !
Ce poignard étoit donc dans les mains de la Reine ?
Et quel tranſport échappe à ſon cœur éperdu ¡
M'aimeroit-elle ? ô Dieux ! l'ai-je bien entendu ?

NISUS.

Iphis qui la quittoit . . . .

AME'NOPHIS.

      Iphis, lui ! qu'on l'arrête.
Dieux !   *Oſiris ſort.*

NISUS.

    Seigneur, je ne ſçai quel attentat s'apprête,
Mais Zaraès n'eſt plus : pour ſe ſoumettre à vous,
Son camp dans la Syrie attendra-t-il vos coups ?
En vain pour la réduire aujourd'hui votre Armée
Part, & laiſſe Memphis ouverte & deſarmée.

AMENOPHIS aux Gardes.

Qu'elle reviennne : allez , rappellez mes Soldats.

Le Garde fort.

Mais fi je fuis aimé , qui donc arma fon bras ?

Fin du troifiéme Acte.

ACTE IV.

SCENE PREMIERE.

ZARAE'S *seul.*

PAR l'effroi de la Reine & par son impru-
     dence,
   Je verrois donc encor reculer ma vengeance !
On m'arrête ! Faut-il qu'à ces maux réservé.....
O Ciel ! mais dans ces lieux je puis être observé.
Je serai découvert, un geste, un mot peut-être
Trahira ma fureur, dont je suis peu le maître.
Comment la retenir à l'aspect de ces lieux,
Où déja je devrois entrer *victorieux* ?
J'y demeure captif. Cependant le tems presse,
Et l'ennemi jouit du jour que je lui laisse,
Par mes retardemens tout reste suspendu.
Une heure encor de plus, tout peut-être est perdu.
Zaraés, ta vengeance est encore incertaine,
Il me reste un espoir....Allons trouver la Reine :
Elle doit réparer tous les maux qu'elle a faits.

SCENE II.

AMENOPHIS, PHERE'S, ZARAE'S.

PHERE'S.

Oui, Seigneur, c'est Iphis surpris dans ce
Palais.

AMENOPHIS.

Alzaïde est ici. Qu'on la fasse paroître.

ZARAE'S, *à part.*

C'est le Roi : que craindrois-je ? il ne peut me connoître.

AMENOPHIS.

à part.

Que vais-je apprendre?...Iphis, approche, répons moi.

ZARAE'S, *à part.*

Que me veut-il ?

AMENOPHIS.

Répons sans feinte & sans effroi :
Ce poignard que j'ai vû dans les mains d'Alzaïde,
Qui l'en avoit armée? Etoit-ce toi, perfide ?
Son implacable époux dont j'ai plains le trépas,
Sans doute te chargea d'armer ici son bras,
D'exciter contre moi la plus cruelle haine,
Et peut-être toi seul sçus irriter ta Reine ;
Tes conseils ont tout fait ?

ZARAE'S.

Pouvez-vous concevoir
Qu'elle en ait eu befoin pour fuivre fon devoir?

AMENOPHIS.

Ainfi ta voix l'accufe?

ZARAE'S.

Elle lui rend fa gloire,

AMENOPHIS.

Je connois fes vertus.

ZARAE'S.

Vous devez donc me croire.

AMENOPHIS.

Je ne le puis : un traître eut part à fes deffeins,
Ce fer à mon afpect échape de fes mains,
Prouve qu'à s'en fervir d'autres l'avoient contrainte.

ZARAE'S.

Ne connoiffez-vous pas une femme & fa crainte,
Lorfque dans les projets qu'elle fut enfanter,
Elle touche à l'inftant de les exécuter?

AMENOPHIS.

Reffentir tant de haine, & la tenir cachée,
Implorer mes bienfaits, en paroître touchée?

ZARAE'S

Elle a dû le paroître, en préparant fes coups.

AMENOPHIS.

Zaraés fut vengé de Menos.

ZARAE'S.

Non de vous.

AMENOPHIS.

De moi qui le fauvai.

ZARAE'S.

Que ne puis-je moi-même
Répeter les difcours qu'en fon malheur extrême
Ce Roi vous adreffoit du fond de fa prifon,
Moins furpris de l'Arrêt qu'indigné du pardon.
» Hé quoi ! vous difoit-il, tu me rends une vie,
» Par ce dernier outrage à jamais avilie ?
» Eft-ce aux Rois qu'on pardonne ? Il falloit m'im-
    moler,
»Et tu m'aurois fais grace, en ofant m'accabler.

AMENOPHIS.

Son orgueil oublioit le pouvoir que me donne
Un droit bien moins à moi qu'il n'eft à ma Couronne.
Son Trône à mes Etats fût toujours affervi :
Et fi de fon pardon fon Arrêt fut fuivi,
Je modérai des loix qui me faifoient fon maître,
Et même en le fauvant je méritai de l'être.

ZARAE' S.

Vous ? .... Mais en vain ma bouche ici le défendroit;
Inutile pour lui, mon zele me perdroit.

AMENOPHIS.

De ton erreur, Iphis, que je te defabufe :
Quoiqu'injufte envers moi, ton zele eft ton excufe.

Tout

Tout condamne ton Prince, & parle en ta faveur.
Il eut donc un ami, jusqu'au sein du malheur !
J'aime à voir un Sujet, dût-il m'être rebelle,
A son Roi qui n'est plus, rester encor fidelle.

ZARAE'S.

He bien, qu'attendez-vous ? disposez donc de moi.

AMENOPHIS.

Je dois en disposer pour connoître ta foi.
Du crime, dont ta bouche ose accuser ta Reine,
Son aveu seul peut-être une preuve certaine.
Condamné pour ce jour à souffrir mes bienfaits,
Tu ne sortiras point : demeure en ce Palais.

ZARAE'S, à part.

Ciel !

AMENOPHIS.

Ma sûreté même, & peut-être la tienne,
Exigent qu'en ces lieux mon ordre te retienne.

ZARAE'S.

Du moins souffrez qu'Iphis cédant à son devoir,
Puisse revoir sa Reine.

AMENOPHIS.

Oui, tu peux la revoir :
Ressens déja mes dons, jouis de sa présence,
Tu seras satisfait. Je la vois qui s'avance.

G

SCENE III.

ALZAIDE, AMENOPHIS, ZARAE'S, EZIRE.

AMENOPHIS *à Alzaïde qui montre de l'effroi.*

AH! ne redoutez rien. Vous déteſtez ces lieux ;
Vous voulez les quitter, tout y bleſſe vos yeux.
Je n'en murmure point, votre interêt l'ordonne ;
L'Arabie eſt à moi ; partez, je vous la donne :
Revoyez des Sujets plus fortunés que nous.
Quel que ſoit ce bienfait, je n'attends rien de vous :
Et ce jour malheureux a déja ſçû m'apprendre,
Après tant d'autres dons, quel prix j'en dois attendre.

ALZAIDE.

Par généroſité vous m'offrez dès Etats,
Que ſans vous preſſentir, je n'accepterai pas.
Seigneur, de votre main, dois-je ici les reprendre ?
A mon époux vivant eût-elle ſçu les rendre ?
Ah ! parlez.

AMENOPHIS.

Oui, Madame, & qui peut en douter ?
Sur le Trône avec vous je l'aurois fait monter.
Heureux qu'il eût voulu, moins jaloux de ſa gloire
Dans mes embraſſemens oublier ma victoire.

On plaint trop aifément l'ennemi qui n'eft plus,
Je le plaignis vivant.

ALZAIDE.

Avec tant de vertus,
Ainfi de ce Heros vous oubliez la haine :
Et même dans ce jour votre bouche avec peine
Ordonna fon trépas.

AMENOPHIS.

Je prévenois fes coups.

ALZAIDE.

Vous fçûtes l'épargner.

AMENOPHIS.

J'épargnois votre époux.
Mais que me dites-vous ? vous devez me connoître,
S'il en faut croire Iphis, vous verrez que fon maître
Artifan de fes maux, & fource de vos pleurs,
Eût toujours à mes dons oppofé fes fureurs.

ALZAIDE.

Détrompez-vous, Seigneur. Oui, ma reconnoiffance
Eût ofé tout tenter pour calmer fa vengeance.
Que ne le puis-je encor fi dans l'inftant les Dieux,
Devant vous-même ici le rendoient à mes vœux !
Je lui dirois qu'il doit chérir votre clémence,
Que fon amitié feule eft votre récompenfe,
Qu'en vain il s'eft rangé parmi vos ennemis,
Qu'il ne le fera plus, que mon cœur l'a promis :
Que j'enchaînai fon bras par un ferment terrible

Qu’on ne croiroit sans foi, s’il étoit infléxible :
Et qu’enfin respectant de si sacrés liens
Il m’accorda vos jours quand je vous dois les siens.
        Après tant de motifs, Prince, pouriez-vous croire
Que Zaraés sans cesse animé par la gloire,
Aux trop justes-douleurs de mon cœur éperdu,
Touché de vos bienfaits, ne se fût pas rendu.
Sortez, Seigneur, sortez d’un doute si funeste :
Il eût tout oublié : que votre voix l’atteste.
Iphis, vous le sçavez, pouriez-vous hésiter ?
            ZARAE’S.
Sans doute que mon maître eut pû vous écouter.
Comme Iphis, je ne puis qu’applaudir à ma Reine :
Si j’étois Zaraés, vous verrois-je sans peine,
Eteindre tout à coup votre ressentiment ?
Après votre projet un si prompt changement
Ne m’auroit sçû causer qu’une surprise extrême.
Vous devez étonner jusques au Roi lui-même,
Qui déjà sçait par moi qu’aujourd’hui votre bras,
Pour venger votre époux, préparoit son trépas.
            AME’NOPHIS.
Dans mon sang Alzaïde eut pû le satisfaire ?
Je devois expirer par une main si chere ?
Elle m’ôtoit des jours que tout lui destinoit ?
Je les perdrois pour elle, elle m’assassinoit ?
            ZARAE’S à part.
Qu’entens-je ?

AME'NOPHIS.

Votre bras , dans ce cœur qui vous aime ....
Mais quel nouvel effroi ! .....

ALZAIDE.

Ma douleur est extrême.
Oüi , croyez que ma haine a tout fait contre vous.
Punissez-moi , Seigneur , respectez mon Epoux ;
N'accablez point Iphis ; trop malheureux peut-être..
Ciel ! Iphis. ....

ZARAE'S.

Reine , enfin je commence à connoître
Les sublimes vertus d'un Roi si généreux :
Mais qu'il soit donc toujours l'appui des malheureux,
La Reine va partir , elle connoît mon zele
C'est moi qu'elle a choisi pour son guide fidele.
D'adoucir mes revers son cœur s'étoit flatté.
Elle veut vous devoir....

AME'NOPHIS.

Quoi donc ?

ZARAE'S.

Ma liberté.

AMENOPHIS.

Puisqu'on te justifie , elle t'est accordée.

ALZAIDE.

Par vous dans mes Etats je veux être guidée.
Mais suivez-moi.

ZARAE'S.

Ravi de vous y ramener ,
Pour le plus prompt départ , je vais tout ordonner.

SCENE IV.

AMENOPHIS, ALZAIDE, EZIRE.

AMENOPHIS.

JE vous aime, & pour moi vous devenez barbare.
Ah ! Quel deſtin cruel ſans ceſſe nous ſépare :
Zaraés ne vit plus, foible rayon d'eſpoir,
Qui diſparoît ſi-tôt que je puis l'entrevoir :
Votre fureur l'éteint, me pourſuit & m'accable.
Hé bien, terminez donc un ſort ſi déplorable ?
Après tant de tourmens arrachez-moi le jour,
Et déchirez un cœur que brûle tant d'amour.
Oui, frappez..... mais je vois renaître vos allarmes !
Malgré tous vos efforts, je vois couler vos larmes !
Hélas ! vous frémiſſez, vos timides regards,
En évitant les miens, errent de toutes parts.
Que craignez-vous encore ? à quoi dois-je m'at-
   tendre !

SCENE V.

NISUS, AMENOPHIS, ALZAIDE, EZIRE.

AMENOPHIS.

AH ! Nifus, laiffez-moi . . . . .

NISUS.

Seigneur , daignez m'entendre
Des Soldats étrangers parmi nous répandus,
Ont fait fuir loin d'Iphis les nôtres éperdus ;
Ce traître a difparu.

AMENOPHIS.

Que pouvez-vous répondre ,
Madame , à tant d'horreurs ?

ALZAIDE.

Tout fert à me confondre.
Prince , chaque moment ajoûte à mon malheur ;
Mais je dois en cachant ma honte & ma douleur,
Et fans ofer gémir d'un deftin fi contraire,
Condamner votre amour, fuivre Iphis, & me taire.

Elle fort.

AMENOPHIS.

Expliquez-moi,grands Dieux, le trouble où je la voi :
Malgré tous fes complots elle a tremblé pour moi.
Son devoir feul l'entraîne au crime qui s'apprête ;

J'aurois fléchi fon cœur.....Mais quel efpoir m'arrête!
Nifus garde la Reine, il faut tout prévenir.
Oui, courons les combattre, ou plutôt les punir;
La juftice contr'eux me guide avec la gloire.
Que dans leur châtiment je trouve une victoire.

Fin du quatrieme Acte.

ACTE

ACTE V.

SCENE PREMIERE.

ALZAIDE *seule*.

ON me garde en ces lieux . Quel triste évene-
    ment,
D'Ezire que j'attends, retient l'empresse-
ment !
Auprès de Zaraés n'a t'elle pû se rendre ?
Daignera-t-il encor me parler & m'entendre ?
Je lui pardonne ; ô Ciel ! d'avoir pû m'accuser
Du crime auquel mon bras osa se refuser.
L'aspect d'Amenophis avoit troublé mon ame
Il connoît donc mon cœur, & Zaraés sa flâme.
Qui scait, si lui vantant ce Héros qu'il poursuit,
De la mienne en ce jour je ne l'ai pas instruit ?
S'il étoit vrai, grands Dieux ! que je serois à plain-
    dre !
Que dis-je ? en ce moment, j'ai plus encore à crain-
    dre :
Peut-être qu'aujourd'hui j'ai trahi mon Epoux
Il tombe, ou son rival expire sous ses coups.

H

Ah ! de quelque côté que le fort fe déclare,
Quelque vainqueur qu'il faffe, il me le rend barbare.
Il me prépare un crime, ou me perce le cœur :
Et je meurs de remords autant que de douleur.
On vient. Que vais-je apprendre ?

SCENE II.

ALZAIDE, EZIRE.

ALZAIDE.

AH, c'eft toi, chere Ezire !
Ciel ! quel trouble t'agite ? & que viens-tu me dire ?
Qu'as-tu fait ? puis-je encor conférver quelque efpoir ?
Iphis t'a-t'il parlé ? voudra-t'il me revoir ?

EZIRE.

Je l'ai vû, dans ces lieux, rempli de fa vengeance,
Impatient de vaincre, il a fui ma préfence.
Il revient, il s'avance : & déja dans Memphis,
Sous les murs du Palais, combat Aménophis.
Je n'ai pû parvenir jufques à vous, Madame,
Que guidée à travers le carnage & la flâme ;
Il a porté partout la mort & la terreur,
Et dans ce moment même, eft peut-être vainqueur ;
Prêt d'en être accablé, le Roi le preffe encore.

ALZAIDE.

Helas ! mais parle-moi de mes maux que j'ignore.

Que t'a pû dire Iphis ?

EZIRE.

Qu'attendez-vous de lui?
Trop peu digne des foins qu'il vous coûte aujourd'hui,
Et du tendre interêt qu'il semble qu'Alzaïde
Prenne encore au destin de ce guerrier perfide,
Il n'est digne en effet que de votre courroux ;
Vous esperiez en vain qu'il suspendroit ses coups.
Son aveugle fureur ne m'a point écortée,
Et contre lui mon ame est encore irritée.

ALZAIDE.

Il t'a parlé, sans doute ?

EZIRE.

A mes empressemens
Iphis a répondu par des frémissemens,
S'est armé contre moi d'un silence farouche.
A peine votre nom est sorti de ma bouche,
Que muette à mon tour je l'ai vû s'indigner,
Pâlir même de rage, & d'horreur frisonner.

ALZAIDE.

Il frémit à mon nom ! O disgrace imprévûe !
Ma honte à Zaraés est sans doute connuë.
Des plus vives douleurs mon cœur est pénetré.
Zaraés que l'Amour n'a jamais inspiré,
Eprouve donc par moi les effets de sa rage.
Il le connoît enfin, & c'est par un outrage.
Qu'ai-je fait ? faudra-t'il recevoir d'un époux
Terrible avec mépris, & sans amour jaloux,

Des reproches cruels , plus accablans peût-être
Que toutes les fureurs que l'amour eût fait naître ?
Evitons sa préfence, Ezire , allons chercher
Des climats , dont jamais il ne puiſſe approcher.
Mais je ne puis fortir de ces lieux que j'abhorre.
Il s'en empare !

E Z I R E.

Helas ! Qui vous agite encore ?
Vous parlez d'un Epoux.....

ALZAIDE.

O jour rempli d'horreur !
Tu mets enfin le comble aux tourmens de mon cœur.
C'en eſt fait, & le Roi.... Déguiſons mes allarmes,
Etouffons mes ſanglots, & dévorons mes larmes.
De quelle idée , ô Ciel ! me laiſſai-je frapper ?
Eſt-ce là maintenant ce qui doit m'occuper ?
Zaraés va paroitre : il ſait que je l'outrage.
Il aura donc ſur moi ce cruel avantage,
Et je n'expire pas de remords & d'horreur !
J'ofe oublier ma honte, & braver ſa fureur ?
Quel bruit ſe fait entendre ? & quel revers s'apprête?
Mon ſang glacé d'effroi dans mes veines s'arrête.

SCENE III.

AMENOPHIS, ALZAIDE, EZIRE, OSIRIS, *Suite.*

AMENOPHIS, *à sa suite.*

Qu'on épargne leur sang, nous les avons soumis,
Méritons la victoire aux yeux des ennemis.
   Madame, j'ai vaincu : je triomphe d'un traître,
D'Iphis dont la fureur m'eût accablé peut-être,
Si je n'eusse tantôt, rappellant mes Soldats,
Prévenu des forfaits que vous n'ignoriez pas.

ALZAIDE.

Quoi ! vous l'avez vaincu? Vous venez m'en instruire.
Helas ! en ce moment peut-être qu'il expire ?

AMENOPHIS.

Madame, son danger excite votre effroi ?

ALZAIDE.

Ah ! qu'est-il devenu, Seigneur ? répondez-moi.

AMENOPHIS.

Quel interêt si grand prenez-vous à sa vie,
Quand la mienne par lui m'alloit être ravie ?
Hé quoi, c'étoit donc vous qui conduisiez son bras?
Quel mystere odieux que je ne conçois pas !
Quel mélange inoüï de tendresse & de haine !

L'espoir que jai conçu redouble encor ma peine.
J'ai pû me croire aimé.....

ALZAIDE.

Que dites-vous, Seigneur ?
Mais de mon infortune apprenez-moi l'horreur :
Si le vaincu respire elle est moins déplorable :
Peut-être que s'il meurt, Alzaïde est coupable.
Le Ciel doit l'en punir aux yeux d'Amenophis.
Daignez donc m'éclairer sur le destin d'Iphis ?
Parlez.

AMENOPHIS.

Oui, chaque instant augmente ma surprise,
Quel est donc cet Iphis, vos vœux, son entreprise ?
Quels secrets cachez-vous ? que voulez-vous sçavoir ?
Hé bien, apprenez donc que perdant tout espoir
De m'arracher le jour, l'Empire & la victoire,
Ce traître qu'animoit le crime, & non la gloire,
Après s'être vingt fois à mes coups échappé,
S'est jetté dans nos rangs qui l'ont enveloppé.
Sûr que sa trahison sera bien-tôt punie,
Il cherche le trépas pour fuir l'ignominie ;
Mais il l'espere en vain, mes ordres sont donnés ;
A finir sans honneur, ses jours sont condamnés.
Il mérita la mort en poursuivant ma vie,
Du plus prompt châtiment son audace suivie,
Va de tant de forfaits commis en un seul jour......

ALZAIDE.

Qu'allez-vous faire ? ô Ciel !

AMENOPHIS.

Me venger à mon tour;
Et servant ma colere autant que la justice,
Du perfide à l'instant j'ordonne le supplice.

ALZAIDE.

Sachez donc.....mais Seigneur, avant de vous parler,
Que j'obtienne de vous qu'on ne puisse immoler....

AMENOPHIS.

Ce rebelle?

ALZAIDE.

Celui dont le malheur m'accable.

AMENOPHIS.

Puis-je vous écouter? Iphis est trop coupable.

ALZAIDE.

Ah! ce n'est point Iphis....

SCENE IV.

ZARAES, AMENOPHIS, ALZAIDE, EZIRE,

OSIRIS, *Suite. Gardes.*

ZARAES *soutenu par les Gardes.*

O Reine, levez-vous,
Vous demandez mes jours, je ne crains plus ses coups.

ALZAIDE, *à part*.

Mon époux expirant .....

ZARAE'S, *au Roi*.

Il n'eſt plus tems de feindre,
Connois tout ton bonheur, tu n'as plus rien craindre,
Vois Zaraés mourant.

AMENOPHIS.

Zaraés.

ZARAE'S.

Oüi c'eſt moi.

Je n'ai pû me venger : je puis mourir en Roi.
Ah ! s'il eſt quelque trait dont ma gloire gémiſſe ,
C'eſt d'avoir pour te perdre employé l'artifice.
Réduit à te tromper je voulois t'en punir.
Ta perte étoit certaine , on m'a ſçû prévenir.
Si l'on ne m'eût trahi tu ceſſerois de vivre.

à Alzaïde.

C'eſt vous dont la fureur à mes Tirans me livre,
Madame, oui de ce fer échappé de vos mains
L'évenement funeſte a rompu mes deſſeins.

ALZAIDE.

Dieux !

ZARAE'S.

Du péril du Roi par ce coup prévenuës
Ses troupes qui partoient à l'inſtant revenues ,
Accablent mes guerriers , & nous immolent tous ;
Par vous ils ſont vaincus , & j'expire par vous.

Votre

Votre cœur en frémit. Il ne faut pas qu'il craigne
Qu'en ce moment le mien avec fureur se plaigne
De la source des maux qui causent mon trépas.
Ce foible châtiment ne vous suffiroit pas.
Je vous connois assez pour vous rendre justice.
Je mourrai devant vous : voilà votre supplice.

ALZAIDE.

Quoiqu'il soit effroyable, un plus cruel m'est dû.
Tu connois mes forfaits ; connois donc ma vertu.

AME'NOPHIS.

Quel coup affreux ! ô ciel !

ZARAE'S.

       Moi-même je l'admire!
Elle meurt à tes yeux : je suis vengé , j'expire.

FIN.

APPROBATION.

J'AI lû par ordre de Monseigneur le Chancelier une Tragédie qui a pour titre, *Alzaïde*; & je crois que le Public en verra l'impression avec plaisir. Ce 7 Janvier 1746. CREBILLON.

CATALOGUE

DES PIECES DE THEATRE
qui se trouvent chez le même Libraire.

De Monsieur de B O I S S Y.

PAmela en France, ou la Vertu mieux éprouvée, en trois Actes.

La Fête d'Auteuil, ou la fausse Méprise, en trois Actes.

Le Sage Etourdi, en trois Actes.

La Folie du jour, en un Acte.

Le Medecin par occasion, en cinq Actes.

De Monsieur L A F F I C H A R D.

Le Fleuve Scamandre,
Les Effets du hazard,
La Nymphe des Thuilleries,
L'Amour imprévu,
} Operas comiques

La Famille , Comédie en un Acte.

Les Acteurs déplacés , Comédie en un Acte.

www.ingramcontent.com/pod-product-compliance
Ingram Content Group UK Ltd.
Pitfield, Milton Keynes, MK11 3LW, UK
UKHW021441090726
13657UKWH00003B/1168